Spurensuche

Seelenflügel

Lyrikband

von

Beate Hefler

Das Buch

Spurensuche - Seelenflügel
Mit diesem vierten Lyrikband begibt sich die Autorin auf die
Spurensuche und fragt: Wer bin ich? Wer bist du? Und wer sind wir gemeinsam?
Wie verändert sich diese Antwort mit den wachsenden Erfahrungen? Unsere
Seelenflügel geben uns Auftrieb im Kreislauf allen Seins.

Herzschlag für Herzschlag eröffnen sich uns neue Perspektiven. Je mehr wir es
wagen uns auf die Lebensspirale einzulassen, um so weiter tragen uns unsere
Seelenflügel. Dann erfüllt Herzleuchten den Raum zwischen ich und du und wir sind
mehr als uns - ALL-EINS.

Die Autorin

Seit 2005 bin ich als freischaffende Künstlerin und Autorin tätig.

Die Hauptbereiche meines künstlerischen Schaffens sind, Wortteppiche aus ver-
schiedenen Bestandteilen des Lebens und der Natur zu weben.

In dem Buch: „Hallo Mister Gott hier spricht Anna", bittet Anna, Finn für sie Wörter
zu erklären und diese Wörter und Erklärungen aufzuschreiben, sie sammelt dann
diese Wörter in einem Schuhkarton als Schätze.

Für mich sind Wörter wie wertvolle, geschätzte Zutaten, aus denen es möglich ist,
wunderbare Gerichte zu kochen.

Spurensuche

Seelenflügel

_____

Lyrikband

von

Beate Hefler

∞ Danke Papa ∞

ISBN 978-3-746-03368-6

Herstellung und Verlag: Books on Demand GmbH, Norderstedt

Bibliografische Information Der Deutschen Bibliothek:
Die Deutsche Bibliothek verzeichnet diese Publikation in der Deutschen
Nationalbibliografie; detaillierte bibliografische Daten sind im Internet über
<http://dnb.ddb.de> abrufbar.

Blumenwälder

Blumenwälder - Fernsehsender
berühren Hände - streifen Wände
wallen unter den Sonnenschirmen
der Gedankenlosigkeit hervor

Gehirne entnebeln sich
der Verantwortungslosigkeit
kreuz und quer
entlang dem Horizont
der Nichtigkeiten

Lachknospenstrahler
auf die Schatten
der Ignoranz gerichtet
erhellt unzählige
abgedunkelte Gewohnheitsgehirne
zu Möglichkeitsgedanken

Eulen heulen

Eulen heulen
Vergangenheit
hat keine Siegessäulen

Muster der Vergangenheit
ziehen Schatten der Gewohnheit
pfauenschweifartig hinter sich her

ein Rad müsste man schlagen können
denkt die Eule
statt der Fassade der Normalität
zu folgen

UHU UHU

AHA AHA

MUH MUH

Horizont - Neusicht

Sägespäne

Sägespäne fliegen - setzt du den Hobel
an deiner Gewohnheitsfassade an

erleichtert atmet die Maserung
an den Fassadenbrettern
frischen Wind

die Meise singt ihr Frühlingslied
und sieht nicht die Schattenflügel
der Möwe - unten am Kanal

entlang der Zeitlinie fliegt
der Kreislauf des Lebens!

die Briefmarke

die Briefmarke schämt sich ihrer Zähne
sie hätte lieber eine Mähne
diese würde wehen im Wind

mit wehender Mähne entschwindet man
dem Schatten der Gleichförmigkeit
eintöniges immer gleiches Schattenmuster

die Briefmarke denkt
stets endet mein freies Leben abgestempelt
auf der Fassade eines Schriftstücks
ich habe es satt - immer transportiert zu werden

dieses Jahr
wünsche ich mir Adlerflügel zu Weihnachten

ein unbändiges Lachen erschüttert
die Portokasse

Heimatbilder

Heimat ist ein Kern
er liegt in jedem nah und fern

Heimat ist ein Radar
dass sich immer wieder
auf Geborgenheit ausrichtet

Manche Menschen haben
eine mobile Heimat
sie bewegt sich
mit den Lebensgezeiten
mal mit ruhigerem Wellengang
in unmittelbarer Umgebung
ein andermal wieder mit hohen Wogen
unerwartet weit weg
vom ruhigen Ankerplatz am Hafen

Heimat ist der Ort
in den Herzen der Menschen
die mein Herz und mich kennen

Heimat ist der Ort
an dem mich die Menschen trösten
selbst wenn sie meinen Kummer
nicht verstehen

Heimat ist ein Wohnmobil
mit einer lachenden Familie drin
die von Campingplatz zu Campingplatz zieh'n
und so ihren Horizont erweitern
im Austausch mit reisenden Herzen

Heimat ist also dies oder das
ein Boden ohne Fass

Heimat ist solange eine Illusion
bis der Blick des Einzelnen
seine Heimat wählt

Herr Maier hat seine Heimat
im Büro

Frau Huber findet ihre Heimat
in ihrem Gemüsegarten

Die kleine Hanna fühlt sich
heimelig geborgen bei
ihrer Oma Rosi

Heimat ist da
wo sich das Herz
in Sicherheit wiegt
und die Seele auftankt

Es gibt so viele Heimatbilder
wie es Heimatsuchende
und Heimgekehrte gibt

Meine Heimat ist die Verbindung
mit allem was ist

Wegfalter

Wegfalter - Weltenwechsler
farblose Regeln
weitwindig zerklüftet
erkennst dich nicht mehr

zerfallene Ruinen
altes Gedankengut
durchgekaut - ausgespuckt
der Zahn der Zeit
setzt dich frei

entformt ist der Weg
frei
mutig

du gebierst dich selbst

endlich fällst du
lachend in deine Arme

Zeitdiebe

Zeitdiebe drehen in deinem Kopf.

Machen dich mürbe, bis deine Nerven
zum Zerreißen angespannt sind!

Du bist angespannt
als Zugpferd, am Karren
der Vergänglichkeit.
Verderbliches, am Rande der Haltbarkeit
soll konserviert werden.

Du bist müde genug
und entbindest dich der Fesseln
der Normalität.
Man verpasst dir das Etikett
„v e r r ü c k t"!

Zeitdiebe
haben kein Interesse
an Verrückten -
zu gering
die Dividende.

Dir ist es egal!
frei frei frei Zeit Zeit Zeit
Ganz still, ganz still
in mitten der Leere
und im Zentrum des Nichts,
da bist du.

Du mit allem was ist!
- Kernschmelze -

Danke

Danke für deine Worte,
die meine Stimme waren,
wenn ich keine Worte hatte.

Danke für deine Wahrheit,
die du mit mir teiltest.

Danke für deine Zeit
und Weisheit.

Danke, dass du echt bist.

Danke, dass ich sehen
darf wie du lernst und lebst.

Danke, dass du meine
Stoppschilder manchmal
überfährst.

Danke für deine
Zeit, Gefühle und Gedanken.

Danke,
durch dich ist meine Welt
ein Stück reicher und weiter
geworden.

Unteilbar

Struktur ist ein Rahmen
für eine Fülle von Möglichkeiten
im begrenzten Raum.

Individualität ist unerschöpflich,
da sie durch keinen Rahmen
eingeengt und geschützt wird.

Struktur ist ein erdachtes,
vorgegebenes Muster.

Individualität existiert.
Sie erschafft sich ständig neu,
einem einzigen Muster folgend.

Sie folgt dem Leben selbst.

Zeitbrücken

Habe das Rad geschlagen.

Die Fäden der Vergangenheit haben sich
mit jenen aus der Zukunft verknüpft.

Die orientierungslose Drehung
hat sie miteinander verwoben.

Heute stehe ich auf einem stabilen Netz.

Bewegung entsteht unter meinen Füssen.

Meiner Bereitschaft entsprechend
verändert sich mein inneres Gewicht
der Freiheit.

Fragenblasen steigen an die Oberfläche.

Wiegt mein Hier sein ebenso viel wie die Welt?

Ist die Schwingung stimmig?
Trägt sie mein Netz durch den Nebel.

Gewährt mir die Sicht über die Zeitbrücken.

Sundancer

I will sing
I will dance
I will live
I will be

Come and set me free!

I leave this prison
I will laugh
I am here!

Were are you?
Come and dance with me.
Come and sing with me.
Come and be with me.

Come and set me free!

I will fly with you.
I will dance with you
in the sunlight
to the ocean
up to the moon
and back to Earth.

Come and find the way
to my heart
and set me free!

I will be
right now!!!

Stein der Weisen

Steine - sind es meine
sie liegen an jedem Wegesrand
unerkannt

Urgestalt weise und leise
Zeittropfen für Zeittropfen
angefüllt mit der Weisheit
von Anbeginn der Zeittropfen

unauffällig ist ihr Alltagsgesicht
im hektischen Getriebe
der konsumierenden Welt

leise atmend - gespannt lauschend
öffnen sie Muscheln gleich
ihr weiches steinernes Herz

den Stein der Weisen
findet das offene Herz
im Einklang mit allem was ist

grau ist der Kiesel
grau ist die Elefantenkuh

Edelsteine glitzern und zieren
tief im inneren Kern
ist das Lied der Mutter Erde zu hör'n

versteinert heißt verlangsamtes Leben
dem Ratsuchenden in die Hand gegeben
die Worte des Stolpersteins begriffen
ist in dir der Stein der Weisen geschliffen

Weihnachtszeit

Weit, weit, weit!
Wir bewegen uns in Raum und Zeit.
Geborgenheit ist der Schoß aus dem wir stammen.
Herzlichkeit ist die Verbindung allen Seins.

Die Hoffnung wurde geboren,
als die Nacht am Dunkelsten war.
Ein kleiner Funke, in einem schäbigen Stall.

Generationen um Generationen
hörten die Geschichte und entfernten sich weit
und weiter von ihrem Kern.
Nur noch wenige sahen den Stern,
in unserer glitzernden, lauten Welt.

Das Zeitenrad hat gedreht
und lädt nun wieder alle Seelen
auf dem Erdenrund ein,
das Licht hinter dem Dunkel
der menschlichen Welt zu sehen.

Die Mutter Erde bietet uns Halt, wir wurzeln in ihr.
Die himmlischen Heerscharen
jubeln und rufen uns zu.
Es ist so weit seid bereit.
Öffnet eure Herzen und
vergebt die Schmerzen.

Lasst mit eurer Liebe und Dankbarkeit
euer Herzenslicht hell erstrahlen.
Heute und jeden neuen Tag.
Seid bereit - es ist Weihnachtszeit.

Dezembermond

Mein Geist ist frei.
Meine Sinne sind vernebelt.
Meine Seele überschreitet die Grenze
zwischen Raum und Zeit.

Die Welt atmet Schneegestöber aus.
Die Menschen ersehnen die Kraft der Sonne.
Ihre Strahlen zeigen den Himmel blau
und setzen die Wolken in Bewegung
auf unserer Netzhaut.

Ich erahne die Welt als ein Wunder.

Alles Sein ist eine Ausdrucksmöglichkeit
des Lebens in seiner Vielfältigkeit.

Farbenglanz

Farbenglanz im lodernden Lichtspiel
Wirklichkeit und Illusion
Vergangenheit und Gegenwart

geborgen im Moment
verbindender Weg
geborgen im Morgen

Grauen der Dunkelheit
enthüllt sein Gesicht

aufgelöste Fragwürdigkeit
zerstreut die Notwendigkeit
Horizont ist wieder möglich

ich halte deine Hand nicht
und es ist gut

mein Herz
ist deiner Seele verbunden

Die Uhr

In mir ist es dunkel. Ich bin ständig in Bewegung. Ich benötige kaum Platz und dennoch bin ich. So unscheinbar mein äußeres Erscheinungsbild auch ist, mindestens ebenso groß ist mein Einfluss auf das Geschehen der Welt.

Ich wurde von Menschenhand erschaffen, um hilfreich zu sein für meine Herren. Mein Herz ist die Unruh. Ich sollte Ordnung in die Welt bringen.
Jetzt richtet sich die Welt nach mir. Die Ereignisse werden durch mich eingeteilt und erhalten ihren Platz durch mich.

Ich ticke unablässig, nur so bin ich den Menschen nützlich. Funktioniere ich, bin ich Maß und Schrittmacher zugleich.
Die Menschen lassen sich durch ihren Blick auf mich in ihrem Tempo bestimmen.

Sie haben Angst, dass ich ihnen weglaufe, obwohl ich doch an ihren Handgelenken und in ihren Häusern befestigt bin.

Viele achten nicht auf ihre innere Uhr, sondern schauen gehetzt auf mein Ziffer-blatt, dadurch hoffen sie einen Halt im hektischen Treiben der Welt zu finden. Jedoch lasse ich mich von ihnen nicht aus meinem Tritt bringen. Ich schlage immer gleich schnell. TICK TACK TICK TACK, die Unruh lässt sich nicht hetzen oder anhalten.

Die Menschen wünschen sich, dass die unangenehmen Ereignisse rasch vorüber-gehen und die schönen Momente zeitlos sind.

Doch so ist es nicht. Die Zeit und ich, ihre Dienerin, sind unbestechlich. Ich bin eine Einteilung, nichts weiter. Eine Orientierungshilfe, die sich der Mensch erschuf um sich selbst zu knechten.

Jeder der Menschen hat seine eigene Zeitspanne. Viel mehr noch: er ist im Laufe seines Daseins verschiedenen Zeiten unterworfen. Er kann selbst bestimmen, wann er wo sein will.

Manche vermuten, dass Eile und Hetze das Ergebnis meiner Wenigkeit sind. Durch diese Annahme täuschen sich die Menschen selbst.

Es gibt nur eine Zeitspanne. Die Zeit läuft unablässig weiter, sie lässt sich nicht manipulieren. Kein Mensch kann sie vor oder zurück drehen.

Nur der Moment ist real. Messe ich den Moment ist er schon wieder vorbei.

Hetze bringt dir nicht mehr Zeit. Du holst nichts auf und nichts ein. Du schöpfst aus deiner Kraftquelle über Gebühr, dann musst du länger ruh'n.

Drum Mensch nimm mich als Vorbild. Machs' wie mein Herz, die Unruh.

TICK TACK TICK TACK

Verantwortung

Verantwortung ist der kürzeste Weg aus dem Chaos.

* . * . * . *

Rücksicht

Rücksicht bedeutet, sich nicht getreten zu fühlen.

* . * . * . *

Zuverlässigkeit

Zuverlässigkeit ist das Wechselspiel zwischen Sonne und Mond.

* . * . * . *

Fragenlabyrinth

Wärme - Nest - Fluglotsen
Leere - Kälte - Heimatlos
Verzweiflung - Sorge - Angst
Weite - Flügel - Schmetterling
Himmel - Horizont - Musik
Frage - Keine Antwort
Lügen - Sorge - Morgen - Wo

* * * *

Seltsam und doch

lachen - weinen
Regenbogen
klettern - fallen
erstarren - starren - staunen
Tränen - Schokoküsse
kurze Füße
lange Ohren
Schwerelosigkeit - Freiheit
weite Flucht - Zelt
Stacheldraht - Welt
Woge - Welle - Tellerrand

rosa Rosa Buhu

Wer über Steinwiesen geht, schneidet sich ab und an.

Die Sonnenstrahlen fielen schräg und hell durch das Dachfenster herein. Die Spätherbststrahlen blendeten ihre Augen, gleichzeitig erwärmten sie ihre Seele.

Barfuss wanderte sie über die Steinwiese ihrer Erinnerungen. Mitten in der grauen, kargen Wiese erblickte sie ein einziges kräftiges, sattgrünes Gänseblümchen. Mit Zeigefinger und Daumen rieb sie sich nervös den Nasenrücken, schloss ihre Augenlieder, öffnete sie erneut mit einem kräftigen Flügelschlag. Und? Und es stand noch immer fröhlich, gesund, grün, mit satten, weißen Blütenblättern die im Inneren eine kräftige sonnengelbe Samtigkeit umhüllten.

Sie dachte sich, wow.

Entweder handelt es sich um eine gelungene Inszenierung einer Fata Morgana, oder um ein verdammt selbstbewusstes Geschöpf, dass da mitten im kargen Nirgendwo so selbstbewusst wurzelte.
Sie fand eine Möglichkeit genauso verrückt wie die andere. Eins stand in jedem Fall fest, von ihrem jetzigen Standpunkt aus konnte sie die Frage nicht klären.

Sie war diese kratzige, tückische Steinwiese mit trügerischen Erinnerungen schon so oft durchwandert. Bei keiner einzigen der unzähligen Wanderungen hatte sie je etwas Erfreuliches entdeckt. Ihre Erfahrung mit der Steinwiese hatte sie Schmerzen und blutige Füße gelehrt.

Verdammter Mist und dennoch ist der Gedanke einfach zu verlockend. Was wäre, wenn? Was wäre, wenn es sich dabei um ein Gänseblümchenleben mitten in kargen Steinwiesen nirgendwo handeln würde?

Sie beschloss, diese hoffnungsvolle Möglichkeit, wäre es wert sich noch einmal in die Mitte der scharfkantigen Steingrashalme zu begeben, selbst auf die Gefahr hin, dass sie sich erneut in die Füße schnitt und Schmerzen erlitt für eine Luftspiegelung der Illusion.

Schmerzwindmühlen schmettern Schmetterlingsflügel der Freiheit in die Luft.

Warum? Wie weit? Geh schneller! Lass das sein!

Du bist eh nie gut genug. Frage wer bin ich überhaupt?

Was will ich denn, außer glücklich sein? Was mache ich dann, wenn ich glücklich bin?

Die Schmerzen relativieren die Nichtigkeiten zu den Wichtigkeiten. Warum hetzen? So viele Nichtigkeiten. Was sind Wichtigkeiten?

Wenn alles nichts ist. Dann ist Nichts alles. Dann ist es möglich im Nichts alles zu sein. Was schreckt mich vor dem Nichts ab? Ist es die Angst, dass ich mich nicht mehr definieren kann? Es braucht immer ein Außen um dem Innersten Halt und Rahmen zu geben. Formen schaffen, sie dann wieder auflösen.

Prägungen aus Erfahrungen erhalten, das ist das Leben.

Die Persönlichkeit auf Wandersfüßen.

Schwertlilien im Garten

Schwertlilien im Garten
sie können warten

Gebrochene Herzen
sie können schmerzen

Wilde Pläne
brauchen keine Zähne

Freiheit braucht
Zeit und Raum
hetzen hilft kaum

Zäune niederreißen
sich in Ideen verbeißen

Kopf angeschlagen
jetzt kann es die Intuition wagen.

kirschkernöl

kirschkernöl
flügel im wind
gedankenmauern zerfallen
armselig ist der adler ohne beute
verdorrte planetenwelt
schusser im gras
donnerwetter – wolkenschieber

* * * *

Der Geigenbaum

Verheißung ohne das Fundament
riskiert Wahrscheinlichkeit
übergibt Flusskiesel
Liebreiz lehnt am Geigenbaum

Trennung

Einsamkeit
Verborgenheit
Verschlossenheit

Entrissen sein
Fern sein
Allein sein

Allen Wurzeln enthoben
Besserung geloben

Blumen welken
Steine bluten nie

Wer der Wahrheit
Nicht ins Auge sieht
Dem lacht die
Illusion ins Gesicht.

Wow

Nachgeschaut, vorausgeschaut
sich immer nur geduckt.

Schneckenhaus idyllisch gelegen
gegen lebendige Nacktheit eingetauscht.

Nachtwanderung am Sternenhimmel erwogen,
mit einem Notenschlüssel losgezogen.

Er passte ins Schloss der Möglichkeiten.
Die Türen zu Phantasie und Wahnsinn sprangen auf.

Drei Tüten Gummibären Bedenkzeit genossen.
Nebenbei die Kakteen spärlich wasserbenebelt.

In der rechten Hosentasche
nach einer Entscheidung gewühlt.
Dabei die Beschränkung der Sicherheit gefühlt.

Ruhe breitete sich aus.
Hastlos sprang ich auf den fliegenden Teppich auf.
Ohne Wortturbulenzen schwebte
er auf die offene Tür der Phantasie zu.

Dahinter traf ich Du.

Flügel der Sehnsucht

Fühle die Flügel der Sehnsucht
sie umfangen dich auf deiner Suche.

Strecke dich aus
auf frühlingshaften, grünen Gras.

Blicke mit offenem Herzen
in den wolkendurchzogenen Himmel.

Strecke deine Hände aus,
dann atme tief ein.

Fühlst du es?
Ich bin hier!

Tauche kopfüber
in das farbenprächtige
Meer der Gefühle.

Die Zeit ist reif,
für jede Menge Leben
im Überfluss.

Sonnenblumenfelder

Nebelschwaden

Containerwelten
Schuh entleert
erträumte Unendlichkeit
verborgen im Morgen
weltenschwere Lichtlosigkeit

Schwungvogel frei
weiter übers Meer
Möglichkeitenhimmel - breitgetreten
eingelöst im blumendichten Saum

Wartezeit - kaum!

Wüste klingt unwürdig
Blütenzweig applaudiere Geduld
Gehirn schreite flüchtig herüber
Wonnegaben - Erinnerung
Zweifel wandern draußen
Element

* * * *

seitdem Widerruf vermeidet das Gespenst
Heimat gegenüber Schwermut
Sand begleitet Gewitter
gemäß Aufwand bricht Anstrengung
einschlafen vermisst Umarmung

Winter bewegt Gefährte entgegen Rahmen
Vorsicht - Hund
eine Braut könnte nachdem Auto
stutzig spähen
wie wohl Verbannung

* * * *

Verbannung
mein Schlupfloch schwieg aufgrund des Schatten
meiner Kasse
Bewusstsein frostig
verschwinde Spiegelpassage

Messerwetzen

Messerwetzen!
Klein Hänschen setzen!
Ideologien
treiben wie eine lange Zeit
verschollene Flaschenpost
an den Strand
der Konsumgesellschaft.

Die Wegwerfgesellschaft
erstickt langsam aber stetig
an ihren eigenen Wegwerfprodukten.

Retortenprodukte sollen
das Bedürfnis der einzelnen Bürger
nach Menschlichkeit und
Lebendigkeit befriedigen.

Die Zeit der einzelnen Seher
geht zu Ende.

Die breite Masse
erhebt sich aus ihrem
Dornröschenschlaf
und wirft den Kaufrausch ab,
wie eine sich häutende Schlange
ihre Haut.

Weit blicken!
Hänschen befrei´ dich!

Eulenaugen

Nebel - Wasser - Waten
Trinken - Ertrinken
Frei - Sein
Lügen - Nie Flügel
Prägen - Stempeln
Angst - Würdelosigkeit
Mantel - Schutznacht
Eulenaugen - Schutzengel

* * * *

umschließt ein Kaiser Marmor
besitzt er Hase und Möwe
wie wenn jener Zahnarztjammer
gemäß einem Reisekoffer verliert

* * * *

Tage ziehen wie Wolken vorüber,
was uns bleibt
sind die genossenen
Himmelsbetrachtungen.

Alles

Wenn du nicht
dort bist
ich bin da

Auch wenn
du fort bist
ich bin da

Oberflächlich
betrachtet ist
es nichts

Im Nichts ist
A L L E S

Alles kann sein

welcher Garten in England
dient humorvoll abseits der Wahrscheinlichkeit
Anwesenheit eines Vertreters
melancholisch Lippe
atmest Knospe

* * * *

Beeren werdet insofern Pflaumen
Mörderbewegung draußen
schärft die Fantasie
dieser Leitung verschwindet mal Vorstellung
nimm den Zahnarzt

* * * *

ich füttere unbeständige Selbstgespräche
wohingegen ausschließlich Liebe
wider dieser Gegenwart verdrieße
peinvoll
ohne dass uns Einsamkeit tränke
die Zentrale

Vertrauen

Vertrauen ist der Motor der Entwicklung.

* . * . *

Toleranz

Toleranz ist, wenn man durch die rosarote Brille sieht und es für möglich hält, dass auch der Schwarzseher eine berechtigte Sicht auf die Welt hat.

* . * . *

Ereignisse sind Markierungen
für die Individuen
im Zeitstrom der
Ewigkeit

* . * . *

Das Leben ist wunderbar!
Ich öffne mein Herz
und die Seelenfester weit.
Ich bin bereit
und fange die Leichtigkeit!

Seifenblasen

Seifenblasen schillernder Glanz.
Nur in deiner Seele bist du ganz.

Geboren werden in diese Welt
Ist leben wie in einem Zelt.

Mal bist du hier - mal bist du dort.
Dann kommt die Zeit
und es ist dein Körper fort.

Doch du wirst sein
wie du schon warst in aller Zeit.

Die reine Liebe
ungebunden und frei.

Reine Essenz
aus ewigen - endlichem Potential
gemacht.

Bist du erwacht?

Wertvoll

Mit Schleichen wirst du Niemand erweichen.

Bist du durchsichtig in dieser Welt
ist unbestellt dein Feld.

Die Rolle deines Lebens
ist nur an dich vergeben.

Bist du nicht präsent auf der Lebensbühne,
dann verliert der Hüne seinen Halt
und dein Platz bleibt kalt.

Die Sonne wärmt die Pflanzen auf der Welt,
so ist sie gut bestellt.

Dein Herz hat Liebe im Überfluss,
so minderst du den Verdruss.

Du alleine bist gemeint,
wenn auf dich das Bühnenlicht scheint.

Du bist einzigartig und wichtig hier
auf dieser Erde,
drum sei und werde.

Wenn jedes Sandkorn am Strand
sagt, meine Existenz ist unbedeutend hier
und löst sich auf ins Nichts,
dann bleibt das Meer allein zurück.

Leben ohne Limit

Leben ohne Limit
- ja -
es ist alles da
und noch viel mehr,
der Himmel wird niemals leer.

Sind deine Gedanken klein,
dann sind deine Ängste groß
und du machst dir Sorgen bloß.

Sorgen lassen dich suchen
und nicht finden.
Versuch deine Gespenster
zu überwinden.
Schatten vergangener Tage
sind eine alte Plage.

Öffne dein Herz weit
und folge der Liebe
in die neue Zeit.

Dieser Einladung folgt das Leben
und es wird dir reichlich geben.

Genieße deine Tage
und wage es du zu sein,
denn nie bist du allein.

Wir treiben weiter wie Blätter im Wind

Wir treiben weiter wie Blätter im Wind.

Überzeugungen wandeln sich im Laufe der Zeit.
Gestern noch waren wir dieser oder jener
und heute sind wir immer noch und
ganz anders.

Das Leben macht es uns leicht,
uns in vielfältigen Ausdrucksformen zu erfahren.
Es lädt uns ein im Wechselspiel
auf die Unendlichkeit des Lebensspiels
unsere persönliche Antwort zu geben.

Immer wieder neu.

Staunen über das Leben.
Staunen über sich.

Die Weide sagt:
Leben ist leicht.
Sei tief verwurzelt in der Mutter Erde.
Neige deine Blätter der Sonne zu.
Lade die Lebewesen
in deine Krone und in deinen Schatten ein.
Lass deine Äste geschmeidig im Wind wehen,
so bleiben sie dir lange erhalten.

Sei dankbar für die Regentropfen
die dich nähren.

Sei dankbar ein Teil des Ganzen zu sein.

Träumst Du?

Der Schatten
saß reglos
und fragte
den Schmetterling
träumst DU
auch manchmal?

Der Schmetterling
öffnete und schloss
die Flügel
- ruhig und achtsam -
und antwortet zwischen
zwei Flügelschlägen
JA .*.*.*
aber
nicht mehr so oft
wie früher.

Immer öfter
erwache ich
und lebe
meinen Traum.

Angstzaun

Die Angst
ist der Zaun
um deinen
Traum.

Sorgen
um Morgen
bewölken
deine Sicht
und du wirst
ein kleiner Wicht.

Sorgen
sind Schatten
an der Wand
der Seele
völlig unbekannt.

Das Leben
ist ein Fluss
durch
Raum und Zeit.

Bist du bereit?
Sei!

Ohne Zaun
lebst du
deinen Traum.

Waldspaziergang

Die Zukunft
geht im Wald spazieren.
Wird es deine Gedanken frieren?

Schenk ein vom wärmenden Tee.
Sag, was tut
deinem Herzen weh.

Du sehnst dich
nach Ruhe und Zeit.
Bist du einer Begegnung
mit dir bereit?

In dir liegt
die Brücke zum Du.
In dir schlummert
deine Einzigartigkeit.

Zweige wachsen am Baum
ohne zu klagen.
Wie befreiend kann es sein
sich selbst zu befreien.

Wähle Vertrauen
in alles Sein
und trau dich
Schöpfer zu sein.

Was

Willst du scheinen
oder willst du weinen.

Die Welt ist
voller Ja´s und Nein´s.

Ein Nein macht dich
schmal und klein.

Ein Ja,
lässt dich lachen,
lässt dich fliegen
und du kannst
das Unmögliche kriegen,
musst nur die Kopfsicht
überwinden,
um
in dein Herz zu finden.

Herzen trauen dem Leben.
Herzen geben sich hin.
Darin liegt ihr Gewinn.

Die Liebe lebt
in allem was ist,
denn alles was ist,
ist Liebe.

Mut

Mut ist,
wenn du weitergehst,
als es dir deine Angst erlaubt.

Mut erweitert
deinen Rahmen der Entwicklung.

Mut lässt dich staunen
über dich und die Welt.

Mut ist dein Wegweiser
für mehr Lebensqualität.

Mut ist dein Kompass
durch die Nacht der Gedanken
hinein in dein Herzenslicht.

Mut ist die Kraft
die alles Leben verbindet.

Mut ist ein Vertrauensvorschuss
auf die Lebenszukunft.

Mut ist die Brücke
zwischen Vorurteilen und Angst.

Mut ist die Essenz für mehr Fülle.

Wert

Nichts in deinem Leben
hat einen Wert,
außer den, dem du ihm beimisst.

Nichts in deinem Leben
hat einen beständigen Wert.
Leben ist ein anderes Wort
für Veränderung.
Darum sei achtsam
mit dir und deinen Werten.

Du lebst im
ständigen Kreislauf
des Seins.
Ewigkeit und Unendlichkeit
sind Kreise.

Diese Kreise sind weise.
Du vollendest einen Kreis,
erkennst du seinen Wert
für dich im Hier und Jetzt?

Dann bist du reif
für deinen nächsten Lebenskreis
und du wanderst höher
auf der Lebensspirale.

Werte kommen
und Werte gehen,
doch die Liebe
bleibt immer bestehen.

Zweifel

Zweifel steht für die Dualität.
Mensch, du hast die Wahl,
ist dir nicht alles egal.

Auf der Erde hat jedes Ding
zwei Seiten.
Zu jedem Ja gibt es ein Nein.
Wir leben in der Welt
der Gegensätze,
darum gibt es
kein richtig oder falsch.

Alles was sich dir offenbart
sind Möglichkeiten,
so wie wenn du
mit deinem leeren Teller
am Frühstücksbuffet stehst.

Du entscheidest,
was du auf deinen Teller legst.
Kannst du dich nicht entscheiden,
was du essen magst,
so bleibt dein Teller leer.

Entscheidung ist
die Erlösung vom Zweifel,
ungeachtet,
ob du diese Erfahrung
im Nachhinein
als Plus oder Minus
bewertest.

Wege

Wege kannst du beschreiten.
Du kannst in jemandes Fußstapfen treten.

Wege können ausgetreten sein.
Du kannst auch neue Wege
gehen – als Pionierin.

Wege können geradeaus führen
oder im Kreis herum.
Wege können Abzweigungen
haben zu anderen Wegen,
dann ist Veränderung
und Begegnung möglich.

Entscheidest du dich
für einen anderen Weg,
dann bist du bereit
für einen Perspektivwechsel.

Wege sind Verbindungen
von A nach B
mit einem Zwischenstopp
bei C.

Wege bewegen dich,
wenn du bereit bist
dich zu bewegen.

Auch Umwege - sind wertvolle Wege.
Blickst du vom Ziel zurück
klärt sich dein Blick.

Kopf oder Herz

Kopf oder Herz
Hier beginnt der Schmerz.

Der Kopf will Regeln,
diese kann er ausloten.
Erfolg oder Misserfolg
sind dann die Boten.

Das Herz
ist ganz erfüllt
vom bloßen Sein.
Es will die gefangenen
Gefühle befreien.
Fliessen in der Liebe Strom
das ist seine Mission.

Zieht es dich hin und her
zwischen den beiden Welten
in dir,
fühlst du dich wie ein gefangenes Tier.

In dir
gibt es eine Brücke
zwischen
Kopf oder Herz.

Trau dich
sie zu beschreiten
und die Lebensfreude
beginnt sich in dir zu weiten.

Ankunft

Damit du ankommst
musst du erst einmal
losgehen.

Eilen deine Gedanken
ans Ziel
und erhoffen sich dort
sehr viel,
dann ist die Reise
zu Ende bevor sie beginnt,
denn das Leben
dir in der Gedankensuppe
zerrinnt.

Auf los geht's los
das ist famos.
Deine Reise durch Raum und Zeit
ist dein Highlight.

Du lebst um zu irren und wirren
um durch Umwege ans Ziel zu schwirren.

Deine Ankunft
am geplanten Ziel
ist der Ausgangspunkt
zu deiner
nächsten Ankunft.

Bedarf

Bedarf
es einer Antwort
fragt die Frage
in dieser bereits
die Lösung wohnt.

Die Lösung
sagt es ist ganz einfach
schau:
löse dich, also lass los
was überflüssig ist.

Überflüssig
ist was überfließt.
Ist etwas übervoll,
dann ist das ÜBER
das MEHR was zuviel ist.

Lass los was zuviel ist,
dann wirst du deine Beschwerden los.
Beschwerden
machen dich schwer
an Kopf, Körper und Seele.

Lass alles Schwere los
und dein Bedarf an Leichtigkeit
ist nicht groß.

Verzweiflung

Verzweiflung meint die Zwei.
Kopfweg oder Herzweg
Angst oder Liebe.

Verzweiflung ist
eine nicht getroffene Wahl,
darum wird sie zur Qual.

Deine Energie
teilt sich nach links und rechts
oben und unten
und wirbelt umher
zwischen
soll ich oder soll ich nicht
will ich oder will ich nicht.

Verzweiflung
ist mangelndes Vertrauen
in dich und das Leben.

Wage den Sprung
in dein Herz.
Ich frage dich,
geht nicht jeden Tag die Sonne auf?

Und los!

Begründung

Begründung ist der Grund auf dem du stehst.
Begründung ist der Grund auf dem du gehst.

Der Grund ist dein Boden, ist dein Halt.
Er ist dein Fundament für dein warum und wie.

Was sind deine Gründe?
Deine Gründe sind deine Wahl.
Hast du deine Gründe dir bewusst gewählt,
oder haben dich deine Gründe gequält?

Aus Altem wird neu oder
bleibst du den Traditionen treu?

Warum sich schützen vor Dinosauriern,
wenn nun Elektrosmog und Lärm
deinen Alltag füllen?

Ein Baum steht immer auf einem Grund
ein Leben lang, dies lässt ihn wachsen.

Ein Mensch kann seine Gründe wählen.
Verharrt er ohne seine Gründe zu kennen,
kann er sich ganz leicht im Nebel verrennen.

Deine Gründe bewusst gewählt
machen dich frei und weit.

Dann genießt du deine Zeit.

Fragmente

Fragmente - Puzzleteile,
da hilft dir keine Feile.
Jedes Puzzlestück
hat seinen Platz
in deinem Leben.
Du brauchst ihm nur
seinen Raum geben.

Du fragst mich
ist das schwer?
Nein, sage ich.
Blickst du mit deinem Herzen
auf deinen Lebensweg zurück,
dann siehst du
in jedem Leiden auch ein Glück.

Leben entfaltet sich im Hin und Her
und den Brüchen in deinen gedachten Wegen.
Zerschlagen sich deine Pläne
entsteht ein neues Lebensfragment.
Mannigfaltige Fragmente
entstehen im Laufe deiner Tage.
Daraus wächst dein einzigartiges
Mosaikpuzzle, das sich
im Laufe deiner Lebensreise zeigt.

Dies überdauert Raum und Zeit.
Es sagt ein leuchtendes Wesen
ist gewesen und wird immer sein.

Entscheidung

Entscheidung
ist ein ja und ein nein
Entscheidung
ist der Weg, den du gehst.
Sagst du bewusst ja dazu
so akzeptierst du
gleichzeitig ein nein
zu allen anderen
Möglichkeiten.
Entscheidungen
fallen immer.
Die Frage ist,
entscheidest du dich bewusst,
oder entscheidet das Leben für dich?
Du hast immer die Wahl.
Hast du eine Wahl,
so kannst du dich stetig entscheiden.
Fällt es dir schwer zu wählen,
so wird dich das Leben
immer wieder an Weggabelungen führen
und du kannst dich neu entscheiden,
oder auch nicht
und dennoch hast du entschieden.
Denn auch nicht entscheiden
ist eine Entscheidung.

Mehr als du siehst

Du bist mehr als du siehst.
Du bist mehr als du denkst.
Du bist mehr als du fühlst.
Du bist mehr als die Summe
deiner Eigenschaften.

Du bist einzigartig.
Du bist ein Ausdruck
der Schöpfung.

Du bist die Schöpfung.
Du schöpfst durch deine Gedanken.
Du erschaffst durch deine Gefühle.
Du erschaffst durch dein Sosein
wie du bist.

Du bist ein Ausdruck
der unendlichen Liebe.
Alle anderen Menschen
sind andere Ausdrucksmöglichkeiten
der universellen Liebe.

Alle Lebewesen, ob groß oder klein,
mobil oder stabil
sind mehr als du siehst.
Sie sind ein wir
verbunden mit dir
und allem, was ist.

All unsere Erfahrungen
werden geboren
aus der unendlichen Liebe.

Was wäre, wenn…

Was wäre, wenn
Bäume fliegen könnten?
Dann wärst du überrascht.

Was wäre, wenn
dieser oder jener anders wäre?
Dann wäre er nicht er selbst.

Was wäre, wenn
wir auf der Erde sind
um glücklich und erfüllt zu sein.
Dann könnten wir anderen
davon erzählen und ihnen
Mut machen.

Was wäre, wenn
alles möglich wäre?
Wofür würdest du dich entscheiden?

Was wäre, wenn
du tatsächlich stets die freie Wahl hättest
zu entscheiden wer oder was du sein willst?
Hättest du den Mut,
dich dafür zu entscheiden?

Was wäre, wenn… fragt die Sonne
und winkt lächelnd dem Mond zu.

Unterstützung

Unterstützung ist,
wenn jemand sieht, dass du Hilfe brauchst
und einfach für dich da ist ohne Wenn und Aber.

Unterstützung ist,
wenn jemand an dich glaubt.
Dies gibt dir Mut, Kraft
und Vertrauen in dich und deinen Weg.

Unterstützung kommt von Herzen.
Sie wärmt dich, wie
die Sonne die Blume
mit ihren Strahlen wachsen lässt.

Unterstützung ist ein
wärmendes Gefühl in deinem Herzen,
das dich immer leitet und führt.

Unterstützung ist
so wertvoll und unbezahlbar
zugleich.

Unterstützung
macht aus einer Addition
eine Multiplikation.

Die Unterstützung
des Himmels ist uns auf so vielfältige Weise
gewiss, auch wenn sie oft unsichtbar ist.

Beobachter

Der Baum beobachtet
Raum und Zeit.
Er gräbt seine Zehen in die Erde.
Seine Krone strebt
zum Himmel empor.

Die Weide steht am Uferrand.
Sie wiegt ihre Äste im Wind.
Im Sommer spielt unter ihr ein Kind.
Im Winter liegt auf ihren kahlen Ästen Schnee
und sie schaut auf den zugefrorenen See.

Der Mensch er hastet von A nach B
und es tut ihm das Herze weh.
Soviel sollen und müssen
und nur wenig Zeit zum Küssen.

Er vergleicht sich mit diesem und jenen
und in ihm bleibt ein Sehnen.
Ein Sehnen sich anzulehnen
an die Unendlichkeit
weich und geborgen,
vertrauend auf ein Morgen.
Voller Lachen und Weinen
verbunden in dem Einen.

Ich und du

Ich und du
sind Liebe
in unterschiedlichem Gewand.
Ich und du
sind im Herzen verwandt.
Ich und du
haben manchmal die Angst
als Wand zwischen uns.
Ich und du
können alles überbrücken,
wenn wir uns nur
in die Augen und dann
in die Seele blicken.
Ich und du
sind auf einer spannenden Reise
und entwickeln uns leise.
Ich und du
entscheiden täglich neu
sind wir unseren Werten treu.
Ich und du
wir ergänzen uns gut
das gibt uns für
neue Wege Mut.
Ich und du
wir lachen gern
und danken unserem Glücksstern.

Loslassen

Du blickst auf die Welt
aus deiner Perspektive.
Dein Blickwinkel
ist gewachsen und hat sich gefestigt
im Laufe deiner Erfahrungen.

Dieser Blickwinkel
zog deine Erfahrungen in deine Welt,
so wie ein Magnet
selbstverständlich Metallspäne anzieht.

Diese Erfahrungen ließen dich Freude und Schmerz erleben.
Die Gefühle kamen und gingen
und manche blieben hier bei dir.
Weil sie dich so sehr schmerzen und verletzen,
hast du sie weggeschlossen vor dir und der Welt,
so blieben sie dir als Belastung treu.
Das Leben blieb dennoch im Fluss
und ein Teil der Emotionen
erstarrte in deinem Gefühlesafe.

Lasse diese Emotionen nun wieder frei,
so befreist auch du dich.
Deine Perspektive verändert sich.
Deine Gefühle fließen weiter
und du bist frei von Gefühlskonserven.
Klare Brillengläser erleichtern den Ausblick
für eine neue Sichtweise auf
dich, die Welt und das Leben.

Und du bleibst nicht am Alten kleben.

Erinnerungen

Erinnerungen
sind Echos der Vergangenheit.

Erinnerungen
sind konservierte Erlebnisse und Bilder.

Erinnerungen
sind ein bereits geschriebenes Kapitel
in deinem Lebensbuch.

Erinnerungen
sind verklärt und vernebelt
durch Raum und Zeit
und deinen persönlichen
Blickwinkel.

Erinnerungen sind
wie Blumen,
welche du im Frühling gepflanzt hast.
Im Sommer hast du sie betrachtet.
Und deren Duft du
noch im Winter
in dir drin findest
und genießt,
obwohl bereits dichter
Schnee auf dem Blumenbeet
im Garten liegt.

Vertrauen - trauen

Vertrauen meint, du darfst dich trauen.
Trau dich du selbst zu sein,
Schubladen sind für dich zu klein.

Vertrauen meint, du darfst dich trauen.
Trau dich nein zu sagen,
auch wenn sich etwas vernünftig anhört
doch es dir in deinem Inneren
schwer wird.

Vertrauen meint, du darfst dich trauen.
Du darfst den Weg deines Herzens gehen
und musst dich nicht verdrehen.

Vertrauen meint, du darfst dich trauen.
Fühlst du dich mal sehr allein
in deinem Leben,
werden dir der Himmel und die Engel
immer Rückenwind geben.

Vertrauen meint, du darfst dich trauen.
Trau dich, zu lachen
und die Leichtigkeit zu leben,
nicht nur ein ernsthaftes Leben
ist ein wahres Leben.

Trau dich, immer du zu sein
und die Welt wird
glücklicher und heller sein.

Das Lachen ist chronisch

Das Lachen ist chronisch,
sagt der Clown.

Das Lachen tief aus dem Bauch
kitzelt deine Seele und gluckert in der Kehle.

Chronisches Lachen,
da kannst du nichts dagegen machen.
Deine Mundwinkel zieht es nach oben
und deine Stimmung wird gehoben.

Chronisches Lachen
steckt andere Menschen an
und zieht sie lachend in den Bann.

Chronisches Lachen
macht dich frei von Innen,
so kannst du mehr Lebensfreude gewinnen.

Lustig
Anekdote
Canon
Heiter
Emotion
Nonsens

Sternenreise

Sternenreise
leise, leise klingt in dir die Weise,
du bist ein Stern
auf deiner Erdenreise.

Die ganze Welt
liegt dir zu Füßen,
du brauchst sie nur
mit deinem Herzen grüßen.

Schmetterlinge entfalten
ihre Flügel mit Leichtigkeit.
Als Raupe waren sie erdverbunden,
nun haben sie die Schwerkraft überwunden.

Metamorphose -
geliebtes Sternenkind
ist das Zauberwort.

Vertraue dem Lebensstrom
und das Leben fängt dich auf.
Sterben um zu werden,
so kannst du dich
immer wieder neu erfinden.
Deine Sternenreise,
ist mal laut und mal leise,
doch sei dir gewiss,
dass die Liebe immer in dir ist.
Genieße und funkle,
dann bist du für andere
ein Licht im Dunkel.

Sonnennebel

Sonnennebel ist das Zwielicht,
das du in manchen Augenblicken
in dir aufsteigen fühlst.

Dein Herz sagt ja
zu dir und der Welt
es will tanzen
zum Takt der Lebensfreude.
Du beginnst dich
zu der heiteren Melodie
zu bewegen
und hörst im gleichen Moment
ein energisches Nein.
Es ist dein Kopf,
er will dich bewahren
vor den Leichtsinnigkeiten
und Unsinnigkeiten des Lebens.

Dazu schaut er
in deinen Erfahrungsspeicher -
was war leicht und was war schwer
und wovon wollen wir mehr.

Sicherheit ist bodenständig, sagt der Kopf
und Leichtigkeit ist notwendig, singt die Seele.

Wagst du es und traust dich
im Sonnennebel zu tanzen,
dann wächst du über dich hinaus
und der Nebel in deinem Kopf wird schwinden
und dir die Sonne von Lebensfreude künden.

Folge

Folge deiner Lebensspur,
doch wo ist sie nur.

Sieben folgt der Fünf
doch nicht der Zehn.
Sieben geht
der Acht voraus.

Darum folge,
indem du vorausgehst.

Darum folge,
indem du hinterher gehst.

Eine Sieben
ist keine Acht
und eine Zehn
keine Fünf
und dennoch sind alle Trümpf'.

Ihre Werte sind
alle gleich,
denn eine wäre
ohne die andere nicht reich.

Welchen Wert hat die Acht
ohne die Fünf?
Ist ein Hut wichtiger,
als die Strümpf'?
Folge deinem Herzen nur
das ist Lebensfreude pur.
Wunder

Sicher

Sicher ist es -
immer nimmer.

Sicher ist das Ende.
Sicher ist fest.
Fest ist starr.
Starr ist unbeweglich.

Sicher bist du
in der Unsicherheit.
Wissen was kommt
- nach diesem Augenblick -
wirst du nie.

Du bist sicher
und geborgen im
Hier und Jetzt,
da du bist
unendlich geliebt,
egal was dir das Leben
eben gibt.

Du kannst dir
sicher sein
dass du bist nie allein,
denn du bist immer
ein Teil von allem was ist.

Öffne dein Herz
und du bist verbunden
mit dem unendlichen Strom der Liebe
durch Raum und Zeit und dies gibt dir SICHERheit.

Seltsam

Manchmal
bleibt die Zeit steh'n
und du hältst den Atem an,
um den Schmerz nicht zu fühlen.

Die Uhr in dir bleibt stehen
und dennoch
wird sich die Welt
da draußen weiterdrehen.

Dein Sein
abgeschirmt von
Raum und Zeit
erlaubt dir Zurückgezogenheit,
so kannst du beleuchten
deine Wunde
und bist frei von der Weltenkunde.

Schau in dein Inneres
und du siehst die Welt.
So bleibt die Verbindung bestehen
und du kannst geheilt weitergehen.

Meine bereits veröffentlichten Bücher:

Die kleine Seele verreist - Lebensreise -
    ISBN Nr. 978-3842348066

Reiherflug - Seelenverbindung
    ISBN Nr. 978-3734743443

Die einbeinige Möwe - Seelenmalerei
    ISBN Nr. 978-3833466199

Sternenstaub im Gezeitenmeer - Seelenfenster
    ISBN Nr. 978-3839112748

Die Tränen der Steine
    ISBN Nr. 978-3844265705

Seegespräche - Herzensverbindung Kraftort Baggersee Ingolstadt
    ISBN Nr. 978-3844280708

Bereit sein - das Leben in all seiner Fülle zu wagen
    ISBN Nr. 978-3844252651

Engel ohne Flügel
    ISBN Nr. 978-3844268768

Kleinigkeiten am Wegesrand Spotlight I
    ISBN Nr. 978-3741802485

Schmerz - verbundenes Herz Spotlight II
    ISBN Nr. 978-3741815485

Fülle - folge dem Lebensfluss Spotlight III
    ISBN Nr. 978-3741824418

Danke *Tag für Tag* Wunder erleben und teilen
    ISBN Nr. 978-3741254079

Worte - Resonanz zwischen ich & Du Spotlight IV
    ISBN Nr. 978-3741835223

Carpe Diem - vertraue deinem Herzen Spotlight V
ISBN Nr. 978-3743182165

Traumzeit - Impulse zum Energiekartenset
ISBN Nr. 978-3741899508

Haben Sie einen blauen Dunst? Macht Rauchen frei?
ISBN Nr. 978-3744802413

Diese Bücher können Sie über mich oder im Buchhandel erwerben.
Weitere Informationen finden Sie unter: www.beate-hefler.de